Made in the USA
Middletown, DE
25 November 2022

15924567R00070